AF375728

# LE
# SIÉGE DE PARIS

PAR

## GEORGES MALL.

Adjoint au chef de la station télégraphique, à la Bastille, à Paris

### 1870-1871

**Prix : 1 franc.**

## PARIS

**LIBRAIRIE INTERNATIONALE**

**A. LACROIX, VERBOECKHOVEN ET C$^{ie}$, ÉDITEURS**

15, boulevard Montmartre, et faubourg Montmartre, 13

MÊME MAISON A BRUXELLES, A LEIPZIG ET A LIVOURNE

**1871**

Tous droits de traduction et de reproduction réservés

8°Z

LE SENNE

9069

# LE
# SIÉGE DE PARIS

PAR

## GEORGES MALL

Adjoint au chef de la station télégraphique, à la Bastille, à Paris

## 1870-1871

## PARIS

**LIBRAIRIE INTERNATIONALE**

**A. LACROIX, VERBOECKHOVEN ET C<sup>ie</sup>, EDITEURS**

13, boulevard Montmartre, et faubourg Montmartre, 13

MÊME MAISON A BRUXELLES, A LEIPZIG ET A LIVOURNE

## 1871

Tous droits de traduction et de reproduction réservés

Paris. — Imp. Émile Voitelain et C<sup>e</sup>, 61, rue J.-J.-Rousseau.

# LE SIÉGE DE PARIS

## I

Les historiens de nuances diverses ne tarderont sans doute pas à donner du siége de Paris de bien amples descriptions. Nous allons, dans ce simple récit, nous placer, non sur le même terrain, mais à côté; ce sera pour nous une raison d'être concis. Nous offrirons, sur un sujet vaste et compliqué, une lecture agréable et instructive.

Pour avoir un juste jugement de la question et pour n'admettre que ce qui est vrai, nous avons dû parcourir toutes les publications de l'époque, étant certain d'ailleurs que les faits bien présentés sont souvent plus éloquents que l'éloquence elle-même. Nous détacherons donc quelques-unes des calamités du grand nombre de calamités qui, à cette époque, ont régné sur la France en général et sa capitale en particulier; et, comme par la nature et la complication même du sujet nous sommes tenu de fournir des détails, nous les grouperons par paragraphes, afin de permettre au lecteur de former un jugement exact sur l'ensemble même du blocus.

## II

En nous trouvant un jour au mois de décembre dans un café, nous entendîmes un sous-lieutenant et un capitaine, d'infanterie tous les deux, parler du siége de Paris. Vous me parlez là de siége, dit le capitaine, mais ce terme est tout à fait impropre, c'est trop dire, car nous sommes investis et non assiégés. En développant plus largement son idée, le capitaine fit entendre que les Allemands occupaient tout simplement, devant Paris, les voies de communication, de façon à ne rien laisser entrer, ni sortir, et c'est, dit-il, ce qu'on appelle être investi. Or, pour nous assiéger il faudrait à l'ennemi le double de monde et d'artillerie. Cette observation du capitaine ne manqua pas de justesse. Toutefois, avant que l'armée du prince Frédéric-Charles ne se fût détachée de l'armée de siége, pour aller à la rencontre de l'armée de la Loire, nous étions assiégés par plus de 300,000 hommes, nous étions assiégés, disons-nous, dans toute la force du terme. C'est cette réponse que le sous-lieutenant aurait pu donner à son capitaine.

<h2 style="text-align:center">III</h2>

Après le désastre de Sedan, où par des opérations militaires, habilement combinées, les Allemands, au nombre de plus de 400,000 hommes, ont su envelopper l'armée française et la faire prisonnière, il fut décidé aussitôt qu'on marcherait sur Paris pour y dicter la paix et poser des conditions. Ce qui fut résolu fut fait et le 18 septembre la ville de Paris était bloquée.

Les Prussiens devaient connaître les puissantes fortifications de la capitale, comme aussi l'élan et la validité de 400,000 hommes de gardes nationaux prêts à la défendre. On fit venir en toute hâte des provisions de la campagne et, sur deux millions d'habitants, un demi-million émigra en province et à l'étranger ; mais, l'arrivée d'un certain nombre de troupes de différents points de la France et l'entrée dans Paris de presque tous les habitants de la banlieue, montèrent rapidement à 500,000 hommes, en sorte que la population flottante fut néanmoins de deux millions. On compta 100,000 mobiles. Où loger tant de soldats ? Des baraques en bois furent alors rapidement dressées au Champ-de-Mars, aux Champs-Elysées, sur l'esplanade des Invalides et les boulevards extérieurs. On en vit quelques-unes aussi au jardin des Tuileries. Quoique sombre, froid et humide, la garde mobile eut néanmoins un abri.

Comme on ne se crut pas en nombre suffisant pour aller au-devant de l'ennemi, on le laissa venir s'installer sur les bords de la Marne, de la Seine et à Versailles. On voulut en ce moment éviter surtout des chocs inutiles. Des sorties se firent peu à peu, et le 1er et le 2 décembre les généraux Trochu, Ducrot et Vinoy livrèrent sur la Marne et sous les murs de Paris une bataille acharnée qui mit 20 à 25,000 Allemands hors de combat. Nos pertes furent moins grandes.

Pour vous faire connaître les murs de Paris, imaginez-vous donc une grande ville (deux millions d'habitants) pourvue d'eau, de remparts, de fossés, de tranchées et, indépendamment de ces moyens de défense, un grand nombre de forts. Imaginez-vous ensuite que d'un fort on peut tirer à l'autre, sans qu'un homme puisse passer pour se diriger vers le mur d'enceinte et vous aurez une idée des fortifications de la capitale. La Seine qui traverse la ville de Paris par le milieu, serpente entre les forts au côté Sud-Ouest et baigne en cet endroit la fameuse forteresse du Mont-Valérien. Ainsi, comme on le voit, la Seine sert également de moyens de défense. Il est donc hors de doute que si les forts, le fleuve et les remparts sont garnis de troupes, Paris devient une ville presque imprenable de vive force et que, pour s'en emparer, il faut la détruire en la bombardant ou bien l'affamer. Les Prussiens usèrent des deux moyens pour s'en rendre maîtres.

Les Français ayant une haine pour ainsi dire instinctive et depuis des siècles contre les races germaniques, se sont imposés les plus grandes privations pour n'être point obligés de se rendre. L'historien Jules César, dans ses belles descriptions latines, parle ainsi : « Les Gaulois, race belliqueuse, vivent en deçà du Rhin ; les Germains, leurs voisins avec lesquels ils sont toujours en guerre, vivent au delà de ce fleuve. » Ainsi donc les guerres qui remontent aux temps primitifs pour ainsi dire, car on pourrait parler des Guelfes et des Gibelins, des Hohenstaufen, des empereurs d'Allemagne, les guerres des deux nations, disons-nous, remplissent l'histoire du moyen-âge et celle des temps modernes. Si Napoléon I<sup>er</sup> n'eût jamais existé, cette haine eût certainement eu un caractère moins irritant, et peut-être aussi la guerre actuelle n'aurait-elle point eu lieu. La Prusse, pour se mettre à la hauteur de sa tâche, a dû faire des préparatifs durant des années et attirer dans son alliance la Bavière, le Wurtemberg et le grand-duché de Bade. Soit que la France ne s'attendît point à ce choc, soit qu'elle se crut infiniment supérieure à sa rivale, le jour où la guerre éclata Napoléon III n'était point prêt. En 1869, le Corps législatif demanda et obtint le licenciement d'une partie des troupes; ce fut une grande faute de l'Empire. Aussi, au moment où le prince de Hohenzollern, par suite de ses prétentions au trône d'Espagne, amenait des difficultés entre les deux pays, l'Empereur, au lieu de les compliquer, comme Thiers l'a constaté à la Chambre, aurait dû les aplanir. Ainsi donc, Napoléon III pouvait arrêter l'effusion du sang. En déclarant la guerre, il nous montrait qu'il se fiait à ses ministres et à un grand nombre de flatteurs, au lieu d'étudier par lui-même l'état déplorable de sa situation militaire. Si un chef d'un service quelconque se repose uniquement sur ses subalternes et fait faire son travail au lieu de le faire soi-même, il donne prise au désordre et s'expose à subir tôt ou tard les conséquences redoutables de sa négligence. C'est à Sedan que Napoléon III recueillit les fruits de la sienne. Que d'exemples de négligence n'avons-nous pas tous les jours sous nos yeux, tout aussi bien parmi les simples particuliers que parmi les princes et les rois.

La France a pu être envahie, son armée anéantie et la capitale assiégée, surtout si l'on se rappelle l'organisation militaire formidable de la Prusse. Tout Allemand du Nord est astreint au service militaire. Les individus impropres au maniement des armes, mais capables de rendre à l'administration des services qui répondent à leurs occupations, peuvent y être astreints.

Le service dans l'armée permanente commence le 1er janvier de l'année où l'individu accomplit sa vingtième année; il dure sept ans. Les hommes restent trois ans sans interruption sous les armes. Durant les quatre dernières années, ils appartiennent à la réserve et demeurent dans leurs foyers, sauf pour les manœuvres annuelles, pour une augmentation de l'effectif ou une mobilisation de l'armée.

La durée du service dans la landwehr est de cinq ans qui commencent à l'expiration du service dans l'armée. L'armée est constamment en service. La landwehr est destinée à la soutenir. L'infanterie de la landwehr forme des corps spéciaux pour la défense de la patrie et sert de réserve à l'armée permanente. Néanmoins, les hommes de la première année peuvent être au besoin versés dans les dépôts de la ligne.

En cas de guerre, on forme des corps spéciaux avec les hommes appartenant à la cavalerie de la landwehr.

Le landsturm comprend tous les individus soumis au service militaire de 19 à 42 ans, qui n'appartiennent ni à l'armée ni à la marine, et de 42 à 60 ans tout individu ayant appartenu à l'armée et se trouvant dans ses foyers.

On a fait connaître, dès le début de la campagne, que la Confédération du Nord mettait 1,200,000 hommes sous les armes. La France en avait-elle le quart? en avait-elle le tiers? Nous n'avions pas même 300,000 hommes à Metz. La chance de succès était-elle possible pour nous? Évidemment, non.

La fusion des Etats du Sud (Bade, Bavière, Wurtemberg) a été menée et accomplie avec autant d'habileté que de promptitude.

Napoléon I<sup>er</sup> n'attendait jamais l'accomplissement de cette fusion, mais après avoir battu isolément le Sud, il battait isolément le Nord.

Or, cette fusion une fois accomplie, la Prusse nous opposait une armée formidable, disciplinée, opiniâtre, s'élevant à un total de 1,200,000 hommes.

Après avoir examiné les forces allemandes, jetons maintenant un regard sur celles que pouvait offrir la ville de Paris, au moment même du siége.

La garde nationale, s'élevant à un ensemble de 400,000 hommes, se trouva exercée et disciplinée au moment de l'arrivée de l'ennemi.

Le seul corps du général Vinoy, composé de 30,000 hommes et ramené intact après le désastre de Sedan, formait, avec un effectif de 120,000 mobiles, un total de 550,000 combattants dans la capitale.

Or, les 400,000 hommes de gardes nationaux n'avaient pour la plupart que de vieux fusils; la majeure partie n'avait point d'uniformes. Il fallait donc l'équiper et l'habiller. Il n'y avait point un instant à perdre; car les Allemands approchaient à pas rapides. On devait donc déployer de toute part une activité extraordinaire; aussi, on voyait des hommes s'exerçant au manie-ment des armes sur toutes nos places publiques; on fabriqua de la poudre, des cartouches, des fusils, des mitrailleuses et des canons; on travailla nuit et jour à des vêtements d'uniforme; on approvisionna la ville autant que possible; les remparts, négligés depuis plusieurs années, furent mis en état de défense; les redou-tes qui n'étaient que commencées furent achevées; tous les forts furent garnis de troupes; toutes les grandes usines de Paris offrirent leur concours pour la prompte fabrication des armes à feu; toutes les administrations du Gouvernement rivalisèrent de zèle pour envoyer du monde, soit dans l'armée régulière, soit dans la garde nationale. Indépendamment du monde qu'elle four-nissait, l'Administration des postes collecta une somme de 5,000 francs parmi ses employés et offrit au Gouvernement pro-visoire un canon sur lequel fut gravé le nom : « La Poste. »

Aussitôt la Télégraphie en fit autant, et sur son canon, offert à l'Etat, fut gravé l'inscription suivante : « Le Télégraphe. »

La garde nationale rivalisa de zèle avec les Administrations. Elle collecta des sommes importantes et offrit plusieurs canons à la République.

Durant tout le temps du siége, le journal *le Siècle*, par son esprit d'ordre et de netteté, par son amour pour la patrie et surtout par l'impulsion immense qu'il sut imprimer à la marche de la défense nationale, reçut dans ses bureaux, à titre de souscription, une somme de 110,902 francs 35 centimes pour offrir, comme il le disait, un ou plusieurs canons à la République. Grâce à ces concours spontanés, grâce à ces mesures patriotiques, grâce à cette constante activité déployée par tous, la capitale, lors du siége, se trouva dans un parfait état de défense.

Malheureusement, en ce moment même, la ville se trouva renfermée dans un cercle de fer qu'il fallait briser, sous peine d'être affamé. Si l'on eût voulu sacrifier de nombreux pères de famille, comme le fit la Prusse par exemple, le blocus aurait pu être levé assez facilement. Mais on évita avec raison un tel massacre, on tâcha de soulever les départements et d'entamer des correspondances avec le dehors. L'Administration des postes se chargea préalablement de cette mission et, à cet effet, elle envoya plusieurs facteurs au dehors. Il en rentra bien peu. Sur quarante-deux agents, deux seulement purent revenir à Paris. On eut des nouvelles de cinq, dont deux furent tués par des balles prussiennes et trois emmenés captifs à Berlin. Quant aux autres, on n'a point pu savoir ce qu'ils étaient devenus. Ainsi à peine commencé, il fallait déjà abandonner ce système.

IV

Un moyen de correspondance qui rendit de grands services fut celui des ballons. On en fabriqua aux Tuileries, à la gare du Nord et à la gare d'Orléans. Rien qu'à cette dernière, il y eut une cinquantaine d'ouvrières employées à cet effet. Outre les dépêches et les lettres, un ballon emportait un aéronaute et un ou deux officiers de l'armée. Par suite de récents perfectionnements apportés à ce système, le ballon peut monter ou descendre à volonté, mais quant à sa direction il faut qu'il suive entièrement l'impulsion du vent. Le prix moyen d'un ballon est de 2,500 francs. Le plus grand ballon qui a été construit pendant le siége est parti de la gare d'Orléans, le 30 décembre 1870, emportant une charge de 1,700 kilos. Nous assistâmes à son ascension.

Pour ne point tomber entre les mains de l'ennemi, il y en eut un qui se fit conduire en Hollande et un second jusqu'en Norwége. Il y avait à craindre de descendre, soit dans le pays même de l'ennemi, soit dans la mer du Nord. La majeure partie descendit dans le sud de la France.

Un grand ballon, surnommé « le Steenackers, » (1) devait s'élever le 16 janvier de grand matin, de la gare du Nord, à Paris ; par suite d'un retard, il ne s'éleva qu'à sept heures.

Il était dirigé par M. Veibert, aéronaute, et emportait M. Gobron, jeune avocat du barreau de Paris qui, dès le début du siége, avait échangé la robe professionnelle contre la tunique de lieutenant des mobiles de la Seine. La nacelle contenait deux caisses plates et anguleuses, pesant chacune 50 kilos et destinées à la délégation de Bordeaux.

Pour éviter les quelques projectiles qui leur furent lancés par l'ennemi, aussitôt après leur départ, M. Veibert dut jeter successivement plusieurs sacs de lest, et le ballon ne tarda pas à s'élever à une très-grande hauteur, augmentée encore par l'effet de la dilatation du gaz aux premiers rayons du soleil levant. A 5,500 mètres, le baromètre se dérangea. Le ballon montait toujours. Mais le malaise que M. Gobron ressentait dans la tête, l'éloignement considérable des nuages lui firent présumer qu'on avait atteint environ 7,000 mètres.

M. Gobron insiste sur ce point ; il attribue à cette hauteur peu ordinaire la rapidité avec laquelle s'est opéré le voyage.

Après la descente, il reconnut que le vent était assez violent, mais qu'il ne devait pas être au degré de tempête ; or, la vitesse de quarante lieues à l'heure, qui fut celle du *Steenackers*, est la vitesse *maxima* du vent.

Vers neuf heures, le temps s'éclaircit ; la terre apparut. Impossible, néanmoins, de distinguer villes, rivières et forêts.

La boussole indiquait la direction des nuages et, par conséquent, celle du ballon. Celle-ci variait du nord au nord-est.

---

(1) M. Steenackers, député sous l'Empire, remplaça M. de Vougy comme directeur général des lignes télégraphiques.

Vers dix heures, M. Gobron crut apercevoir un horizon tout particulier, et fit part de son observation à l'aérostier, sans l'engager toutefois à descendre. Comment supposer, en effet, qu'après trois heures seulement de voyage, on se trouvât en vue de la mer du Nord? A dix heures un quart plus de doute possible. C'est bien la mer, elle est là. Il n'y a pas un instant à perdre.

MM. Gobron et Veibert se suspendent tous deux à la corde de la soupape; le ballon commence à se dégonfler, mais il est toujours emporté vers la mer.

Arrivera-t-on à temps?

On redouble d'efforts... Soudain, la corde de l'appendice casse, et le ballon, formant parachute, est précipité avec une vitesse vertigineuse. M. Veibert ne perd pas son sang-froid. Pendant que M. Gobron continue à tirer sur la soupape, d'un seul coup de couteau il tranche les cordes qui retiennent les ancres, à huit cents mètres du sol. Cet acte audacieux sauve les voyageurs; le ballon se trouve subitement allégé d'un poids de 80 kilos. Néanmoins, le choc est terrible, M. Veibert, jeté à terre, reçoit sur la jambe une des caisses qui avaient été imprudemment posées sur les sacs de lest, sans aucun lien pour les retenir.

« Quant à moi, dit M. Gobron, cloué pour ainsi dire au fond de la nacelle, je rebondis avec elle et file droit vers les flots. Sentant tout le péril de la situation, je veux me jeter hors de la nacelle, mais je reste accroché par les pieds aux cordages, et je suis traîné sur la tête, sur les mains pendant plusieurs mètres. Un effort désespéré, et je finis par me dégager. Quand je repris connaissance, je vis la mer à dix mètres de moi. Le ballon avait disparu. Une demi-heure s'écoula. Des paysans qui avaient semblé d'abord hésiter, s'approchèrent enfin. A notre grande satisfaction, nous sûmes par eux que nous étions tombés en pays neutre, en Hollande, à Pynd, village situé à cinq kilomètres de Harderwyt.

« Nous reçûmes dans cette dernière ville, de la part des autorités un accueil très-bienveillant, très-hospitalier. Le soir même je partis pour Amsterdam et j'appris là, de M. Veibert, resté à Harderwyt, que notre ballon a été retrouvé par des marins, dans une petite île, à six lieues de la côte. Les dépêches étaient sauvées. »

## V

Lorsqu'une armée vient assiéger une ville qui possède de puissantes fortifications, elle doit chercher à détourner les cours d'eau au moyen d'écluses et de canaux, de nature à empêcher les moulins de fonctionner et la population de s'alimenter. Aussi, dès leur arrivée, les Prussiens détournèrent le cours de la Marne, sans inconvénient, il faut le dire, pour Paris, car la Seine ne put être détournée.

Lorsqu'après deux mois de siége la rareté de la farine se fit sentir, il nous resta encore une certaine abondance de blé. On n'eut point recours à la force motrice de l'eau pour le moudre, mais on se servit de machines à vapeur dont le système offrit beaucoup plus de rapidité. Comme il fallait du charbon en assez grande quantité, on installa ces machines dans nos gares de chemins de fer. Par ce moyen les moutures se firent rapidement ; le pain bis-blanc fut alors seul mis à l'usage ; le riche et le pauvre mangèrent le même ; les boulangeries, en ne procurant qu'une seule qualité de pain, eurent beaucoup moins de peine qu'en fournissant de plusieurs espèces ; les livraisons se firent plus rapidement, et tout le monde y gagna ; procédé ingénieux à tous égards, car vu la rareté des vivres on sut déployer de l'activité pour se les procurer et soulager la misère du pauvre, en offrant la même ration aux uns comme aux autres.

Jusque-là tout allait bien, mais soudain il y eut un changement. Vers le 12 janvier, le gouvernement fournit aux boulangers de la farine presque noire.

Cette question si grave, si compliquée, faillit produire des soulèvements dans tous les quartiers populeux de Paris. La population conçut la nécessité des privations pour tenir à distance les Prussiens, mais elle ne pardonna pas cette nécessité que le Gouvernement imposait ; elle l'accusa secrètement d'abord et publiquement ensuite de son action trop lente et trop molle. Tous les journaux s'occupèrent de la question du pain. Voici ce qu'on lit dans *le Siècle* à la date du 18 janvier : « La chose indigeste qu'on nous vend dans quelques boulangeries n'est pas du pain ; ce n'est pas non plus de la galette ; c'est une pâte sans nom, sans saveur déterminée, une épaisse tromperie de l'estomac, qui craque sous la dent, descend le gosier avec regret et irrite, sans les satisfaire, les organes digestifs. S'il a un mérite ce prétendu pain, c'est celui de nous ôter l'appétit. Et si celui-ci ne revenait qu'à de longs intervalles ce serait un service rendu; malheureusement il revient vite. »

Pendant les trois dernières semaines du siége tout habitant fut rationné à raison de 300 grammes de pain par jour. Ce fut un état des plus douloureux. Beaucoup de personnes tombèrent malades, beaucoup moururent.

Un siége qui a du commun avec celui de Paris et où les habitants ont beaucoup souffert est celui de Saragosse, en Espagne. Cette ville fut bloquée pendant quatre mois comme Paris, qui compte seulement vingt jours de blocus en plus. L'une et l'autre eurent recours au cheval pour se nourrir; l'une et l'autre épuisèrent jusqu'à la dernière miette de pain; l'une et l'autre montrèrent devant l'histoire un patriotisme sans exemple.

Saragosse eut deux siéges à soutenir. Le premier commença le 3 août 1808. Quelques jours après les Français pénétrèrent par la brèche dans le couvent de San-Ingracia; on se battit avec un acharnement sans succès; le mouvement de retraite de l'armée française sur Vittoria ayant commencé précisément à cette époque, le général Verdier, qui avait remplacé Lefebvre, dut lever le siége le 15 août.

Le second siége commença le 20 décembre 1809. Dans cette intervalle la ville avait été fortifiée avec soin, et l'effectif du corps d'armée qui la défendait avait été porté à 30,000 hommes. L'armée assiégeante, de force égale, était commandée par Moncey et Mortier. Trente pièces de canon de gros calibre avaient pratiqué trois grandes brèches par lesquelles les Français pénétrèrent encore une fois dans la ville; mais ils ne purent s'y maintenir, car chaque maison devint une forteresse. Quoique la famine fut grande dans la ville, Palafox repoussa toutes les sommations du maréchal Lannes, qui était venu prendre le commandement en chef. La lutte continuait nuit et jour de maison en maison; tout mur de clôture devenait un bastion; les Français y reçurent des leçons très-dures.

Ces leçons ils les donnèrent en partie aux Prussiens en 1870 et 1871, durant toute leur campagne dans l'intérieur de la France, comme aussi à l'occasion du siége de Paris. Ce furent tantôt des francs-tireurs, tantôt des paysans qui harcelèrent les Allemands, les empêchèrent souvent de dormir et leur enlevèrent fréquemment des convois de vivres. C'était de tous les côtés la guerre à « la

guérillas, » système qui convenait beaucoup aux Français, car leurs
voisins les Espagnols le leur avaient appris avec beaucoup d'a-
dresse et de succès. Ainsi donc, si hier les Espagnols et les Arabes
sous Abd-el-Kader ont appris aux Français à faire la guerre à
« la guérillas, » aujourd'hui les Prussiens vont prouver à leur tour
que la baïonnette et la mitrailleuse sont insuffisantes et presque
inutiles devant le canon.

Le siége de Strasbourg, noblement soutenu, sera noblement cité
dans nos annales historiques. Celui de Metz est encore tout couvert
de brouillard. Toutefois la vérité essaie de percer, et nous allons
avoir sous peu des détails positifs sur la conduite du maréchal
Bazaine. L'histoire du moment prétend qu'il aurait pu quitter
Metz avec son armée au mois de septembre ; qu'il lui restait un
laps de temps de quinze jours pour se retirer, et enfin qu'il aurait
pu prolonger la durée du siége moyennant des subsistances qu'il
tenait à sa disposition. Cette opinion est également la nôtre. Or,
pour bien juger des choses, il faut lire les historiens qui défendent
et ceux qui accusent le maréchal (1).

VI

Si Napoléon Iᵉʳ a appris aux Allemands à se jeter sur eux avec
la rapidité d'un torrent, à les battre sans qu'ils fussent prêts et
sans qu'ils pussent se joindre, ils ont usé à leur tour des mêmes
moyens pour battre Napoléon III. En s'apercevant que nous n'é-
tions point en nombre, que l'Empereur n'avait du temps ni pour
rassembler des troupes, ni pour faire des préparatifs indispen-
sables, ils ont envahi la France avec d'autant plus de rapidité.
Ainsi, par exemple, les succès de Forbach et de Reichshoffen ils
les doivent uniquement au grand nombre. A Reichshoffen, en Alsace, il y eut 33,000 Français (2) luttant héroïquement contre
140,000 Prussiens. Des bouches à feu tout à fait nouvelles se
trouvaient sur les hauteurs de Froschwiller et de Gunstett, deux

---

(1) Bazaine capitule le 27 octobre 1870 à la tête d'une armée de 173,000
hommes sous les murs d'une forteresse imprenable. Non content de livrer la
ville et les soldats, il livre tout le matériel de guerre qu'il eût pu détruire,
cinquante-trois drapeaux qu'il eût dû brûler. *La vérité sur la trahison pré-
méditée du maréchal Bazaine, etc. (Journal des Deux-Mondes,* article signé
Gaston Mitchel.)

(2) Ce chiffre fut donné d'abord officiellement et ensuite par le maréchal Mac-
Mahon lui-même, qui y commanda en personne. Il eut un cheval tué sous lui.

villages près de Reichshoffen. Beaucoup d'entre vous ont pu entendre leur bruit semblable à un roulement de pierres presque continuel. Le chargement de ces pièces est beaucoup plus rapide que celui des canons, mais elles portent bien moins loin, en sorte que l'artillerie les détruit facilement. C'est ce qui eut lieu. Nos mitrailleuses et nos canons furent démontés ; le grand nombre l'emporta ; nous perdîmes la bataille. Une dizaine d'habitants de Wœrth, pour avoir soutenu la France, sont impitoyablement fusillés ; le maire de Reichshoffen (1) est fait prisonnier de guerre et le chef de gare de cette commune, en donnant à un train de munitions le signal de rebrousser chemin, tombe aussitôt sous une grêle de balles et d'obus.

Une fois cette bataille perdue, l'entrée dans l'intérieur de la France fut pleinement ouverte au prince héréditaire de Prusse, Frédéric-Charles qui venait de remporter ce succès.

Le désastre de Sedan, où l'Empereur avec son armée et ses généraux fut fait prisonnier, suivit de près les coups cruels de Forbach et de Reichshoffen. Le roi de Prusse se croyant alors maître de la France, pensa qu'il n'y avait qu'à marcher sur Paris pour pénétrer dans ses murs, et que dans le cas où il fallait entreprendre un siége, une ville aussi grande serait bientôt déchirée par la guerre civile qui faciliterait l'entrée, ou obligée de se rendre en un court délai par la famine. Le siége au contraire dura quatre mois et vingt jours. Commencé en automne, il gagna le cœur de l'hiver pour cesser à la fin de janvier. L'Allemagne en fut effrayée.

Ce qui a constamment tenu à distance les assiégeants des forts ce sont des canons de marine à gros calibre transportés en toute hâte vers la capitale. Ces canons portaient plus loin que les canons ordinaires.

Les principaux généraux qui opérèrent à Paris pendant le siége furent Trochu, Ducrot et Vinoy. Le général Trochu, nommé gouverneur de Paris par l'Empereur, après les batailles de Forbach et de Reichshoffen, fit aux habitants une proclamation qui peut se résumer ainsi : « Citoyens, je ne suis d'aucun parti, je combats pour Dieu et la patrie. » Ces paroles révélant un grand esprit d'indépendance firent une immense impression sur la population parisienne. Aussi le nouveau gouverneur fut-il acclamé par toutes les classes de la société. Mais durant le siége on s'aperçut de son

______

(1) Le maire de Reichshoffen, M. le comte de Leusse, était député sous l'empire.

esprit lent et hésitant, et autant qu'on s'était empressé à l'acclamer, autant on s'était empressé vers la fin à le discréditer. Même les journaux les plus sérieux parlèrent de successeur. Où prendre ce successeur? Il n'y eut point de Napoléon I<sup>er</sup> qu'il eût fallu. Nous n'eûmes en ce moment aucun grand guerrier, aucun grand stratégiste capable de diriger l'ensemble des opérations. Le général Ducrot est plutôt un homme de courage et de bravoure qu'un tacticien propre à faire et à défaire des plans. Le général Vinoy, nature calme, lente, réfléchie, a beaucoup de commun avec la nature bretonne de Trochu. Ni l'un ni l'autre n'avaient le génie voulu pour débloquer Paris aussi promptement qu'il fut possible. Cette froideur bretonne jurait avec la vivacité parisienne, en sorte qu'il y eut du mécontentement et même des troubles sur la place de l'Hôtel-de-Ville. Ainsi donc, en ce moment suprême, en ce moment décisif et terrible, la France n'eut pas même un défenseur à la hauteur de sa tâche, et, si la victoire dût pencher de son côté, ce fut plutôt par conformité aux destinés des choses que par suite du génie de ses vaillants défenseurs.

Le 25 janvier (1871) la pression du peuple fut telle qu'il fallut remplacer, dans l'emploi de commandant en chef de l'armée, le général Trochu par le général Vinoy, afin d'éviter la guerre civile dans Paris.

La plupart des sorties eurent lieu au côté sud de Paris, dans la direction de Villejuif et de Châtillon. Elles eurent pour objectif Choisy-le-Roi. Par ce plan sagement conçu on s'apprêtait à déblayer la ligne du chemin de fer d'Orléans, à occuper, en cas de succès, la voie de communication avec Versailles et les principales positions de l'ennemi. On trouva malheureusement les Allemands tellement massés et retranchés à Thiais, à l'Hay et à Choisy-le-Roi que, pour les chasser, il eut fallu exposer un nombre immense de troupes, sans toutefois être certain de retirer les avantages qui fussent à la hauteur de nos sacrifices. Les nombreuses sorties de ce côté contribuèrent principalement à la conception du plan du 1<sup>er</sup> et du 2 décembre, assez bien réalisé sur la Marne. C'était là sur cette rivière que l'on se battait pendant deux jours avec un grand acharnement; les Allemands furent refoulés jusqu'à Villiers-sur-Marne, à seize kilomètres de Paris. Malheureusement, dans un ordre du jour, le général Ducrot dut annoncer quelques jours après qu'il se retirait avec ses troupes pour continuer, sur un autre point, les opérations militaires. Cet ordre jeta un certain mécontentement dans le public; on commença à désespérer des membres de la défense nationale; on accusa les généraux de n'être pas sortis en province par Villiers après avoir traversé le cercle de fer, les lignes et les retranchements prussiens. Un peu de calme apporté dans le jugement de l'état de choses, un peu plus d'étude sur les hommes et leurs actes, eût sans doute modifié la sévérité du public.

Dans les moments de grandes souffrances on s'impatiente facilement; on porte sur les hommes des critiques inconsidérées; on écoute avec empressement la voix de la foule au lieu d'écouter la voix de la sagesse et de la prudence.

Il ne s'agissait pas pour nous de sortir par une route mauvaise ou accidentée, ni avec le fusil et le hâvre-sac, mais avec du matériel de guerre, avec un parc d'artillerie complet, avec des vivres et des munitions. Or ces vivres et ces canons il ne fallait pas les recevoir quatre ou cinq jours après la sortie, mais les avoir immédiatement sous la main.

D'un autre côté, un bon général ne doit jamais faire des essais avec une armée, mais vaincre ou ne pas se battre. Or en sortant par Villiers et Champigny (1), il eut fallu être sûr de donner à l'armée, après deux jours de lutte, un jour de repos pour la conduire ensuite sur le champ de la victoire.

Un village qui pendant le siége a été l'objet d'une véritable cible pour les belligérants est le Bourget, situé au côté nord de Paris. Il a été deux fois pris et deux fois abandonné. La première prise revient au général de Bellemare, la seconde à l'amiral La Roncière Le Nourry. Les jardins de cette localité sont ravagés; les maisons sont criblées par des boulets et des obus; plusieurs habitations sont en ruines; il ne s'y trouve point un seul bâtiment qui n'ait été gravement endommagé.

La dernière sortie eut lieu le 19 janvier du côté du Mont-Valérien. L'action engagée s'étendait depuis Montretout, à gauche, jusqu'au ravin de la Celle-Saint-Cloud, à droite. Trois corps d'armée formant plus de 100,000 hommes et pourvus d'une puissante artillerie étaient aux prises avec les Prussiens. C'était une fusion de troupes de ligne, de mobiles et de gardes nationaux.

---

(1) Villiers et Champigny sont situés près du fameux plateau d'Avron que nous avons occupé quelque temps.

Le général Vinoy commandait l'aile gauche, le général Ducrot l'aile droite et le général de Bellemare le centre. La redoute de Montretout fut rapidement enlevée. On amenait à Paris les cinquante prisonniers qui s'y trouvaient. Garches fut pris. Restait à enlever de front la position la plus importante, la Grande-Bergerie ; aussitôt le signal de l'attaque fut donné, mais l'aile droite de Ducrot, chargée de prendre la Grande-Bergerie à revers, resta en ce moment décisif deux heures en retard. Cette faute d'un général qui n'a jamais été en retard sur les champs de bataille fit échouer le plan de la Grande-Bergerie et manquer le but de cette rude journée. Les Prussiens eurent le temps de se concentrer ; d'ailleurs l'artillerie de la Grande-Bergerie était formidable ; pour l'enlever il fallait moins un coup audacieux que vif et rapide. Or c'est faute d'ensemble que l'entreprise échoua.

Ce qui excuse, sous un certain rapport, le général Ducrot ce sont les lignes suivantes insérées au *Moniteur* : « Les officiers porteurs d'ordres ont de la peine à trouver les troupes tellement le brouillard est épais ; nous combattons comme dans la nuit. »

En second lieu, le général Ducrot eut des obstacles très-sérieux à franchir. Il fallait balayer la route de Nanterre et de Rueil, où les Prussiens avaient des batteries. A cet effet il plaça son artillerie sur la droite du chemin de fer de Saint-Germain, près de la Seine, et prit les Carrières en écharpe, pendant que des batteries blindées sur wagons le prenaient de face à la gare de Nanterre. Ce mouvement réussit ; les Prussiens furent culbutés. Dès lors les routes devenues libres, Ducrot dut diriger ses troupes en ligne droite de Nanterre sur Rueil, Bois-Préau, Malmaison, Long-Boyau, jusque vers la Celle-Saint-Cloud. Le parc de Buzenval, qui se trouve en avant de la Grande-Bergerie, et dont les murs crénelés servirent de repaire aux Prussiens, vomissait le fer et le plomb. Il fallait sinon traverser une partie du moins longer ce parc. Ainsi donc, la mission du général Ducrot était difficile.

La garde nationale montra ce jour un grand courage. Beaucoup des siens tombèrent. On se replia en bon ordre vers le Mont-Valérien.

Parmi les noms désormais immortels de tous les vaillants défenseurs morts pour la gloire et l'amour de leur pays, nous citerons : le général Ladreit de la Charrière, atteint mortellement à Montmesly ; le général Guilhem, tué à Chevilly le 30 septembre ; le général Blaise, tué à Ville-Evrard ; le général Renault, atteint

mortellement le 2 décembre à Champigny; Miquel de Riu, lieutenant-colonel tué à l'Hay le 30 septembre; le jeune comte de Dam-
pierre, commandant des mobiles, tué le 13 octobre à Bagneux;
Baroche, commandant, mort à l'affaire du Bourget, le 31 octobre;
Mimerel, lieutenant-colonel au 110e, blessé grièvement le 29 novembre; Cristiani de Ravaran, chef de bataillon au 110e, tué le
29 novembre; Prévault, colonel, tué le 30 novembre; le capitaine
de frégate Eugène Desprez, tué le 30 novembre devant Choisy-le-
Roi; de Grançay, colonel des mobiles de la Côte-d'Or, tué sur la
Marne; le vaillant commandant des francs-tireurs Franchetti,
atteint mortellement d'un éclat d'obus sur la Marne; de Trécesson,
adjudant-major au 111e, tué à Champigny; le marquis de Coriolis,
engagé volontaire à soixante-six ans, tombe le 19 à Malmaison.
Périrent également à la bataille du 19 : le capitaine Couchot, à
Buzenval; le capitaine des francs-tireurs Junneman, à Rueil; Ma-
rius Topin, chef de bataillon au 193e; Adrien Peloux, capitaine
des mobiles de la Drôme; Marcel Foillard, capitaine d'artillerie;
de Montbrison, colonel des mobiles du Loiret, atteint mortellement à Montretout, ainsi que le lieutenant-colonel de la garde
nationale de Rochebrune, ex-général dans l'armée polonaise, lors
de la dernière insurrection; une balle le traversa de part en part;
entrée par le dos, elle sortit par la poitrine; de Rochebrune tomba
comme foudroyé.

Il nous est impossible, faute d'espace, de citer tous ceux qui,
sous les murs de Paris, sont tombés pour la gloire et le salut de la
patrie; il n'y a qu'un volume qui comporte une telle énumération.
Quoique nous venions de citer les noms de quelques chefs (1), il
n'en est pas moins vrai que le simple soldat a mérité de la patrie
au même titre, et en effet tous ceux d'entre nous qui n'ont pas pu
être avec lui sur le champ de bataille ont été avec lui d'esprit et
de cœur. Les noms des uns et des autres seront consignés dans
nos archives militaires; l'histoire leur consacrera sa plus belle
page, et la France entière leur conservera un souvenir ineffaçable
et une reconnaissance éternelle.

---

(1) Pour connaître les noms de tous ceux qui ont été tués ou blessés, voir le
*Journal officiel*.

## VII

Une proche parente du roi de Prusse, la reine d'Angleterre, demanda que Paris, la plus belle ville du monde, fut épargnée par les boulets. Le roi répondit que Paris ne sera point bombardé. Cette promesse ne fut point tenue.

Le 8 janvier, à onze heures du soir, les Allemands lancèrent du haut des plateaux de Meudon et de Châtillon les premiers obus sur Montrouge, Plaisance, Grenelle, les Gobelins et le Panthéon. Le quartier du Panthéon eut le plus à souffrir. Le sifflement des obus au-dessus des maisons fut effroyable et présenta la nuit un caractère d'autant plus lugubre et plus sinistre. Plusieurs personnes furent blessées, d'autres furent tuées. Le bombardement eut lieu généralement la nuit; le jour on le suspendit. Toutefois il tomba le jour aussi dans le quartier du Panthéon quelques obus qui tuèrent du monde. La plupart des habitants des quartiers bombardés se réfugièrent à Belleville, aux Batignolles et dans le centre de la ville.

Voici ce qu'on lit dans *le Siècle*, en date du 18 janvier : — Nuit du 13 au 14 janvier. — Dès huit heures du soir le bombardement a recommencé avec une extrême vigueur et a d'abord frappé les quartiers de la Gare et du Panthéon. Il s'est un peu ralenti lors de l'action engagée du côté d'Issy, puis il a continué toute la nuit et pendant la journée du 14. Plus de cinq cents obus sont tombés sur les quartiers du Val-de-Grâce, de la Sorbonne, du Jardin-des-Plantes, Necker, de l'École-Militaire, Croulebarbe et Javel. D'autres en ont également reçu, entre autres celui de Saint-Thomas-d'Aquin, qui n'avait pas été éprouvé jusqu'à présent. De deux à cinq heures du matin les batteries ennemies tiraient cent obus à l'heure.

Les édifices et établissements publics atteints sont : la boulangerie centrale, rue Scipion, qui semblait servir de point de mire; la prison de Sainte-Pélagie, l'hôpital de la Pitié, l'école des sœurs, rue de Blainville, le jardin du Luxembourg, les ambulances des sœurs bénédictines de la rue de Varennes, de la rue Blomet, des dames Augustines, la maison des religieuses de Saint-Vincent-de-Paul et le dôme des Invalides.

Ce terrible bombardement ne cessait que vers la fin du mois de janvier, au moment où l'on concluait l'armistice.

Dans une proclamation adressée le jour de l'an au peuple allemand, le roi Guillaume déclara qu'il entendait faire une guerre selon les règles européennes et non point une guerre de guérillas et de fanatisme comme elle se fait par les Français. Ainsi le roi de Prusse, qui invoqua les règles européennes de justice et d'équité, fit bombarder selon ces mêmes règles des musées, des édifices, des hôpitaux, des malades, des femmes et des enfants dans la capitale de la France.

## VIII

Le siége qui a commencé le 18 septembre 1870 et fini le 28 janvier 1871, a été pour la population parisienne d'une très-grande rigueur. Il n'y avait de viande de bœuf que pendant les deux premiers mois. Il fallait avoir recours à des moyens extrêmes pour se nourrir. Ceux qui par antipathie ne pouvaient point manger de viande de cheval étaient des plus malheureux. Jamais, disait le journal *le Siècle*, les mégisseries n'ont eu autant de peaux de chiens et de chats à tanner que pendant le siége. Beaucoup de particuliers déposent au commissariat de police des plaintes sur la disparition de leurs chiens. Parfois c'était une dame qui venait faire la déclaration de la disparition d'un beau chat angora, et cette dame pleurait.

A la journée du 17 novembre on lisait dans *le Siècle* les lignes suivantes : « Quatre-vingts francs une dinde ! Il paraît que c'est le prix ; vingt-cinq francs un lapin, cinquante centimes un moineau. »

Le jeudi 22 décembre le journal *le Temps* publiait la note suivante : « Les hommes de science qui, il y a quelques années, ont préconisé pour l'alimentation l'usage de la viande de cheval, dont nous retirons aujourd'hui de si grands avantages, se sont occupés dans ces derniers temps de la consommation des viandes de chiens, de chats et de rats, et se sont accordés à reconnaître que la chair de ces animaux, quand elle est convenablement préparée, peut être mangée sans le moindre inconvénient. Toutefois, en ce qui concerne la viande des rats, ils recommandent de la soumettre à une cuisson portée et maintenue, pendant un certain temps, à la température de l'eau bouillante pour détruire les germes de trichinose qui ont parfois été observés chez ces animaux. »

Tout en se laissant aller à une abnégation si grande, tout en ayant recours pour vivre à des animaux qui répugnent facilement à la nature humaine, on ne remarqua dans la ville pas le moindre abattement, mais du courage au contraire, joint à un bouillant patriotisme. Ce que la population parisienne eût fait volontiers, si elle eût été en guerre avec une grande nation, elle le faisait avec amertume et une irritabilité visible parce qu'elle était aux prises avec la Prusse, avec une nation qui compte à peine parmi les grandes nations européennes. Le dédain français, depuis des siècles, a toujours été trop transcendant pour cette race, et la supériorité sur elle semblait trop bien établie pour qu'elle fût jamais à craindre. Les privations durant le siége furent rudes et générales; nobles sacrifices, hélas, qui à peine commandés étaient déjà exécutés, tellement fut grand et louable parmi tous le dévouement à la patrie! On comprend donc aisément que ces calamités si grandes furent autant de motifs de propager de vieux préjugés, de raviver des haines nationales moitié éteintes, et de faire éclater dans tous les départements de violentes passions pour la guerre.

Les quelques jours qui s'écoulèrent entre la défaite de Sedan et le siége de Paris furent employés à approvisionner la capitale. Ce fut un délai bien court. On songea aux légumes, au bétail, aux munitions de guerre; on ne songea point et on n'eut guère le temps de songer au bois de chauffage. Quoique les provisions de charbon et de bois fussent assez considérables, on dut en employer en de si grandes quantités pour les usines des armes à feu et pour la fabrication du pain que le manque se fit généralement sentir chez les marchands après trois mois de siége. Aussitôt tout le combustible, frappé d'une hausse subite, fut au-delà de la portée de la bourse du pauvre. C'est alors qu'on remarqua dans Paris, pendant quelques jours, la plus grande et la plus affreuse des misères. Ce qui vint encore ajouter à ces calamités, ce fut ce froid rigoureux et constant apparaissant dès le mois de décembre et ne cessant que le 6 janvier par un dégel, pour reprendre son cours quelques jours plus tard. Par ce froid vif et pénétrant il fut impossible au pauvre de stationner au grand air et de rester à son domicile faute de feu. Il eut donc la misère et à la rue et au logis. Le manque de nourriture mit à son comble cette misère qui allait jusqu'à gravir les marches de l'homme riche, manquant de provisions de bois. Il fut donc décidé qu'on abattrait les bois de Boulogne et de Vincennes, compris dans l'enceinte de Paris, et qu'en attendant on raserait les arbres qui ornent quelques-unes des places publiques dans différents quartiers de la ville. Mais en attendant que le gouvernement prit ces mesures, des pauvres arrachèrent les palissades des jardins et des chantiers ; on parla même d'enlever les portes des maisons des propriétaires absents. Heureusement que le gouvernement, en mettant la main sur tous ces coupables, coupa court au désordre. L'abattage des arbres et des bois de luxe, une fois ordonné et décrété, causa une satisfaction générale.

Ces beaux platanes qu'on coupa sur un grand nombre de places publiques, ce beau bois de Boulogne, sans pareil en Europe, ce charmant bois de Vincennes, ces bois avec leurs feuillages qui, pendant des siècles, faisaient les charmes et les attraits des riches, des princes et des rois, allaient faire à leur tour le soulagement des pauvres. Grâce à ce don public, la misère disparut, au moins en partie, et la résistance compromise put être assurée et maintenue comme auparavant.

## IX

Vers la fin du mois de décembre le gaz commença à manquer. Les ballons nombreux et gigantesques qu'on expédia en consommèrent en assez grandes quantités, et l'élément principal qui sert à la fabrication de ce fluide, le charbon, devenait d'une rareté et d'une cherté excessives. Il fallait supprimer le gaz dans les habitations et sur la voie publique. La bougie, l'huile ordinaire et l'huile de pétrole étaient rares, et pour les pauvres hors de prix. La ville de Paris, mal éclairée, présenta un aspect triste et sombre. Un grand nombre de rues, autrefois passagères et animées, demeurèrent désertes et mortes faute d'éclairage le soir.

Si jamais on apprécia bien la valeur et l'utilité du gaz, ce fut en ces moments.

Heureusement que l'armistice et la paix vinrent autoriser et activer le ravitaillement et procurer le nécessaire à la ville.

Après le malheur et les ténèbres, le bien-être et la lumière bannis de nos foyers commencèrent à y rentrer et à nous apporter les avantages et les bienfaits d'autrefois.

## X

Au milieu de tant d'épreuves la nation française a été soutenue par son patriotisme, encouragée par des journalistes et stimulée par des hommes politiques tels que Trochu, Jules Favre et Gambetta.

Quelques grands orateurs tels que M. Legouvé, de l'Académie française, et M. Coquerel, ancien pasteur à l'église réformée de Paris, furent invités par le public à donner des séances. M. de Pressensé, qui figura également sur la liste, disait-on, fit rayer son nom. La salle désignée aux orateurs était le Cirque de l'Impératrice. Le jeudi 27 octobre 1870, M. Legouvé fit son entrée en ces termes :

« Mesdames et Messieurs,

« Dans les circonstances terribles où nous nous trouvons, rien
« de plus utile sans doute que songer à nourrir le corps ; mais il
« importe aussi de nourrir l'âme. D'abord jusqu'ici notre corps, à
« dire vrai, n'a pas souffert, tout au plus est-il à la ration ; mais
« notre âme, elle est à jeun ! A jeun de tout ce qui la console ou
« la touche, à jeun de cette chose charmante qu'on appelle une
« lettre ! Notre pauvre âme ! elle est percée de toutes parts. Ce
« sont les terreurs qui l'affolent, qui l'accablent, ce sont les sépa-
« rations qui la déchirent. Elle aussi, c'est une blessée ! une blessée
« qui appelle du secours.
« Voilà celle au secours de laquelle il faut courir, qu'il faut aller
« ramasser sur le plus douloureux des champs de bataille : la
« maison vide et le foyer désert. C'est donc pour elle que je vou-
« drais avec vous et devant vous chercher dans les profondeurs
« de l'abîme où nous sommes tombés les motifs de courage, les
« causes de confiance, les sujets de reconfort qui nous restent ; je
« voudrais glaner tous les grains, tous les brins d'espérance et en
« faire une gerbe pour nourrir la pauvre malade. La chose me
« semble d'autant plus utile que, vous le savez, nourrir l'âme c'est
« nourrir le corps. L'énergie morale est un cordial. Un maigre
« repas, mangé d'un cœur viril, vaut un festin. Quand vous n'aurez
« qu'un morceau de pain sec, mettez un peu de courage dessus et
« vous verrez comme il vous soutiendra.
« Car, sachez-le bien ! le miracle de la multiplication des pains
« n'est pas seulement un miracle de l'Evangile. Il ne s'opère pas
« seulement par les mains d'un Dieu ; il est l'œuvre de tout homme
« qui a au dedans de lui un grand sentiment d'honneur, de patrio-
« tisme, de foi ! Lui aussi il fait mille pains avec trois pains et cinq
« mille poissons avec cinq poissons ! Lui aussi, s'il s'appelle La-
« martine, Lincoln, Jules Favre, il nourrit la foule qui l'entoure

« avec quelques paroles parties de son âme. Il la donne cette âme
« en aliment à tout un peuple, et ce peuple, comme dit l'Evangile,
« s'en retourne rassasié. »

Nous sautons, faute d'espace, une partie du discours de **M.** Legouvé, et nous nous arrêtons sur le passage suivant : «Messieurs,
« aujourd'hui, dans la situation grave où nous sommes, il ne faut
« pas se payer de mots. Les faits seuls doivent parler. C'est donc
« par les faits seuls que je voudrais démontrer cette œuvre de
« notre régénération; c'est aux faits seuls que je demanderai ce
« reconfort, cet aliment moral que je voudrais vous donner.

« Monsieur de Bismarck a dit un jour dans son cynique langage :
« Nous laisserons un peu cuire les Parisiens dans leur jus. Soit!
« Monsieur le chancelier fédéral, mais en parlant ainsi vous ne
« vous doutiez guère quel bouillon allait sortir de cette marmite-
« là ! Ce qui y cuit, non, laissons-là ce grossier vocabulaire tu-
« desque, qui a je ne sais quelle odeur de choucroute et parlons
« notre belle langue française. »

Que l'honorable professeur nous permette de lui faire observer
qu'il s'est oublié un instant en appelant ce passage un aliment
moral. C'est, à vrai dire, à peine un aliment ordinaire.

**M.** Legouvé, dans son long discours, s'est permis de parler de
la Convention et de faire quelques allusions aux mouvements des
esprits de cette époque. Cette façon d'encourager le public a déplu
un peu aux hommes politiques. Toutefois le professeur a reçu d'u-
nanimes acclamations au sortir de la séance. Voici ce qu'en dit *le
Figaro* : « Jusqu'à présent je ne connaissais M. Legouvé que
comme le plus aimable des hommes et le plus raffiné des causeurs.
Hier, il s'est révélé patriote au cœur chaud, à la parole fière et
vibrante, et sa voix mâle a trouvé dans l'auditoire les plus sym-
pathiques échos. »

Quant à **M.** Athanase Coquerel, plusieurs fois déjà on l'avait entendu dans des conférences publiques, et on s'était souvenu de
cette éloquence qui perça si bien pour aller droit au but. Aussi
fut-il bien désiré ce jour par le public. « Du pain et de la poudre, »
tel fut son sujet. Après avoir fait l'historique du pain, l'orateur a
dit que ce dont Paris est le plus abondamment pourvu c'est de
blé; quant au vin, nous en avons pour six mois. En parlant des
affaires politiques, **M.** Coquerel a dit que l'Empire c'était la peur,

et que Napoléon III étant devenu le prisonnier de Guillaume, que le roi reste son geolier et qu'il le garde.

Ce discours était composé et exposé avec toutes les finesses de l'art et de la science. Même en les examinant avec un microscope, les parties faibles se soutenaient, si toutefois partie faible il y avait. Modèle de composition, chef-d'œuvre d'art et d'éloquence, diction, pureté, toutes les belles et brillantes qualités s'y révélaient. On eut l'idée que cela dut être un homme estimé parmi les hommes. Des ovations enthousiastes lui furent unanimement décernées. Tout en recevant tant de marques de considération de la foule, l'ancien pasteur, toujours sans place, s'est exposé à manquer un fort bel avenir.

Pourquoi donc M. Athanase Coquerel a-t-il eu le malheur de se faire pasteur?

## XI

On a souvent amené en ville des prisonniers de guerre. Un jour qu'on s'était emparé d'une centaine de Prussiens au Bourget, on demanda à un officier pourquoi sa nation continuait une guerre qui lui est si funeste?

— Nous la payons de notre sang, a répondu l'officier.

Un jour, par suite d'une sortie, une quarantaine d'Allemands furent faits prisonniers près du fort de Montrouge. Comme d'habitude, on les traita de Prussiens. — Pardon, reprirent leurs officiers, nous sommes Bavarois. — Une fois entrés en ville et installés à la maison d'arrêt, ils répondirent de nouveau aux chefs de la prison, qu'ils ne tenaient pas à être confondus avec les Prussiens; petite jalousie nationale qui se fit remarquer en bien des occasions. Tous ces Bavarois disaient qu'ils étaient fatigués d'une guerre entreprise injustement, sans aucun intérêt pour leur pays et traînant à la longue sans issue ni fin. Lorsqu'ils traversaient la ville de Paris, pour se rendre en prison, on remarqua qu'ils portaient des casquettes particulières, petites et presque plates. On fut étonné de ne pas voir le casque que porte l'infanterie prussienne. Or, ce casque porte sur le milieu une petite tige en métal jaune, semblable à une corne. Ce casque a été surnommé, par les Parisiens, casque à paratonnerre. Tous les journaux sérieux se servirent de cette expression, en sorte qu'aussitôt qu'il fut question de prisonniers, on parla d'hommes à paratonnerres.

Aussitôt installés à la maison d'arrêt, on donna aux Bavarois des livres allemands et des jeux de cartes. Sur le nombre il y en eut un qui ne voulut ni livres, ni cartes, et ne pouvant se faire entendre de lui, on fit venir un interprète. Il s'agissait pour lui d'un harmonica. Par ordre du gouverneur, on lui fit remettre un tel instrument et aussitôt sa physionomie mélancolique devint contente et gaie. Avec ses doigts habiles il fredonna de petits airs.

Elle est grande, hélas! la différence entre le vibrement des canons et des mitrailleuses et le vibrement doux et paisible d'un harmonica!

## XII

Pendant la dernière période du siége, du 20 décembre au 20 janvier, le sort de la France se trouva subitement remis sur la balance et une certaine tactique eut suffi pour faire pencher la balance de notre côté.

Le corps d'armée du général Chanzy, occupant les départements de l'Indre et de Maine-et-Loire, tenait en échec les forces de l'armée Frédéric-Charles; le corps d'armée du général Bourbaki, occupant Nevers et Bourges, devint dès lors libre de ses mouvements. En traversant l'Yonne et en se dirigeant sur la Côte-d'Or, avec une armée forte de 120,000 combattants, Bourbaki menaçait le Doubs et le Haut-Rhin; en remontant, au contraire, et en pénétrant dans le département de Seine-et-Marne, il menaçait les assiégeants devant Paris. Dans ce cas, le secours attendu nous arrivait, il ne nous restait plus que de sortir des murs. Mais le général, après s'être concerté avec les deux fils de Garibaldi, Menotti et Ricciotti, dont chacun se tenait à la tête d'un petit corps d'armée dans la Côte-d'Or, se sépara d'eux brusquement, se porta sur le Doubs et la Haute-Saône, battit les Allemands à Villersexel et vint échouer à Héricourt, près de Belfort. Son armée se dispersa; une partie gagna la Suisse. Pendant ce temps, Paris succomba faute de vivres.

Si la nature eut donné à Bourbaki le génie d'un grand général, il eût pu calculer à l'avance le jour et l'heure où, en traversant l'Yonne et la Seine-et-Marne, il viendrait livrer bataille sous les murs de Paris et, en ce moment décisif, écraser les assiégeants devant la capitale même. En exécutant ce plan, craignait-il sur ses derrières les corps d'armée de Von Werder et de Zastrow, échelonnés dans la Haute-Saône, et pouvant au besoin remonter la Champagne? Une question aussi grave mérite d'être jugée sans prévention et dans toute son impartialité.

Or, notre opinion est que Bourbaki, au lieu de couper les communications à Belfort et à Nancy, aurait dû les couper à Troyes, à Montereau, à Chelles et à Châlons-sur-Marne, laissant par exemple Garibaldi à Montereau, de façon à avoir ce général à sa gauche et Faidherbe à sa droite.

Il résulte du plan de Bourbaki qu'au dehors on n'était que très-incomplétement renseigné sur la quantité de nos subsistances.

On pensa généralement que Paris put tenir jusque dans le mois de février et que pendant ce laps de temps, Bourbaki aurait accompli sa mission.

En des conjonctures si graves, il faut donc éviter toute rhétorique et jeter un coup d'œil sur tout l'ensemble des opérations militaires, en ne laissant parler que les faits seuls. Or, voici la dépêche que reçut le Gouvernement à la date du 30 janvier : « Lille, 7 janvier 1871, à 3 h. 45 m. — Le général Faidherbe, outre les garnisons et les troupes en formation, a 36,000 hommes, dont le tiers de fort bonnes troupes, 90 canons. Il tient en échec l'armée de Manteuffel, mais ne saurait se mesurer en rase campagne avec des forces aussi considérables. Si ses troupes étaient bien exercées, il serait sûr du succès; mais comme cela n'est pas, il ne saurait engager la bataille avec chance de réussite. »

Il ressort de cette dépêche d'une manière évidente que Faidherbe n'était point prêt à tenter la lutte. On pouvait, pour les mêmes raisons, en dire autant de Chanzy. Les corps de l'un et de l'autre étaient insuffisamment exercés; leur mise en campagne a dû être trop hâtivement accomplie; heureusement que ni le patriotisme, ni l'élan, ni la bravoure ne leur ont fait défaut; grâce à ces qualités essentielles, grâce à ces vertus guerrières, ils ont souvent su repousser l'ennemi, le tenir en échec et lui infliger des pertes considérables.

Si donc le plan de Bourbaki, même au loin et sur nos frontières, eût pu s'accomplir, c'en était fait de l'armée prussienne; elle aurait succombé faute de vivres et de munitions, mais ce plan aurait dû être exécuté un mois plus tôt.

Or, selon Bourbaki, la réalisation de ce plan, quoique tardive, promettait le succès et semblait plus facile là où l'ennemi était faible et disséminé que là où il était bien retranché, comme autour de Paris et traînant de là, jusque sur la Loire et dans le Nord, des files de troupes innombrables, solides et aguerries (1).

Malgré nos échecs, malgré les redditions de quelques-unes de nos villes, nous sommes en mesure d'affirmer que le triomphe de l'ennemi est un triomphe sans gloire, mesquin, éphémère; c'est un triomphe trop rapide pour avoir de la solidité et de la durée; c'est une invasion immense et soudaine, voilà tout. La Prusse ne nous a livré aucune grande bataille. Partout et durant toute la campagne, à Reichshoffen comme à Forbach, à Sedan comme à Orléans, c'était une poignée de braves en face d'ennemis compacts, en face d'une multitude pour ainsi dire sans nombre et sans fin.

## XIII

Le 29 janvier 1871, nous avons cédé à la Prusse tous nos forts, car elle n'a su en prendre aucun. Or, ce fut la famine qui nous obligea à lui faire de si cruelles concessions. Il fut stipulé dans la convention, conclue entre M. Jules Favre, ministre des affaires étrangères, d'un côté, et M. le comte de Bismarck, chancelier de la Confédération du Nord, de l'autre, qu'aucun Allemand ne pénètrerait dans l'enceinte de la capitale.

On dut activer l'élection d'une Assemblée nationale qui se réunit à Bordeaux et dont M. Grévy fut nommé président. M. Thiers fut nommé président du pouvoir exécutif. Il se réserva la faculté de nommer et de révoquer les ministres.

C'est le 19 février que M. Thiers dut se rendre de Bordeaux à Versailles, accompagné de M. Jules Favre et de M. Picard, nommé tout récemment ministre de l'intérieur, afin de débattre les conditions de la paix. Voici la communication officielle à ce sujet :
« Aujourd'hni, 26 février, ont été signés les préliminaires de paix qui devront être soumis à l'approbation de l'Assemblée nationale et une prolongation d'armistice a été arrêtée, afin de donner à l'Assemblée le temps de délibérer. Le bruit s'est répandu que

---

(1) Au moment de l'armistice, le 15 février 1871, la Prusse avait sur le territoire français un total de 780,000 hommes, chiffre communiqué par le *Journal officiel* de Berlin.

l'armée allemande se préparait à occuper Paris. Jusqu'à présent il n'a été question que de l'occupation d'un seul quartier par un détachement de l'armée allemande ; ce quartier serait celui des Champs-Élysées. » A cette note suivit bientôt une autre qui fixa ainsi les conditions de la paix : « La France céderait à la Prusse l'Alsace et la Lorraine allemande avec la ville de Metz; elle payerait cinq milliards d'indemnité de guerre ; de son côté, la Prusse évacuerait Belfort, mais à cette seule condition qu'un corps d'armée d'environ 30,000 hommes put entrer et séjourner dans Paris, pendant la délibération et l'acceptation, par l'Assemblée nationale, des propositions de paix, débattues et arrêtées entre M. Thiers et M. de Bismarck. » Or, ces propositions furent acceptées par l'Assemblée nationale.

Les Prussiens entrèrent donc dans Paris, le 1er mars, par la route du Mont-Valérien, l'avenue de Neuilly, l'Arc-de-Triomphe, campèrent aux Champs-Élysées et y séjournèrent jusqu'après l'acceptation définitive des conditions de paix précédemment fixées. Ce séjour dura trois jours. Ils partirent le 3 mars au matin.

D'après les stipulations, les Prussiens, une fois entrés dans Paris, devaient s'arrêter à la place de la Concorde et occuper l'espace compris entre la Seine et le faubourg Saint-Honoré, les Ternes et Passy. Nos troupes de ligne venaient former la haie; derrière elles se dressaient de fortes barricades, et derrière ces barricades était massée la garde nationale de Paris. Loin d'y voir une occasion de discorde et d'indiscipline, ces barricades furent au contraire considérées comme le rempart imprenable du citoyen, et existèrent moins pour s'apprêter à se défendre que pour imposer l'honneur, la dignité et le respect au vainqueur. Par ce procédé, les Allemands se trouvèrent cernés et ne purent communiquer avec personne de la ville. Ainsi il ne leur était même pas possible de bouger de place, à moins de reculer et de se retirer par le chemin par lequel ils étaient venus.

Pendant la dernière période de l'armistice, du 22 février au 1er mars, pendant que le projet de l'entrée des Prussiens dans Paris se débattait à Versailles, il y avait de nombreuses manifestations populaires, d'un côté pour maintenir intacte la République et de l'autre pour empêcher l'étranger de pénétrer dans nos murs. Nous avons vu de nombreux bataillons de la garde nationale faire le tour de la colonne de liberté qui s'élève sur la place de la Bastille et entendu plusieurs discours qui furent prononcés au pied de l'édifice. A son sommet fut planté un drapeau rouge ; le large piédestal, sur lequel repose la colonne, fut littéralement couvert de drapeaux tricolores et de couronnes dites immortelles.

Il arriva même une longue file de femmes en deuil avec une bannière sur laquelle on lisait : « Aux martyrs de la Liberté, les femmes républicaines. »

Le 21e et le 23e chasseurs à pied se mêlèrent aux démonstrations de la garde nationale et le 11e bataillon des mobiles de la Seine fit planter, à moitié de la hauteur de l'édifice, une magnifique couronne de jais noir.

Ces manifestations furent à peu près les mêmes dans tous les quartiers de la ville ; on sonna le tocsin, on battit à plusieurs reprises le rappel pendant la nuit et l'effervescence fut d'autant plus grande et plus générale que le 1er mars on attendait l'arrivée des Prussiens à Paris.

Le Gouvernement invita instamment les citoyens à se tenir calmes ce jour-là ; on craignit des désordres, mais la sagesse l'emporta et l'ordre ne fut point troublé un instant. Dès la veille, tous les drapeaux des diverses mairies avaient été couverts d'un crêpe. Sur la place de la Concorde, les statues étaient voilées ; on remarqua des drapeaux noirs à un grand nombre de fenêtres ; l'industrie, déjà paralysée, chôma ; le commerce en fit autant : les boutiques, les magasins étaient fermés et la ville entière, pour témoigner de sa douleur patriotique, se renferma dans un silence absolu et dans un deuil solennel et profond.

## XIV

Que la France soit donc calme et résignée ; qu'elle se dégage de sa douleur par le sentiment des nobles efforts qu'elle a tentés ; qu'elle ait foi en son passé glorieux ; qu'elle ait foi en son courage, son patriotisme, son génie, sa tradition.

Nous ne sommes point partisan de la guerre, mais de la paix ; nous voudrions qu'il régnât sur la terre une république et une concorde universelles ; que jamais nation ne se levât contre nation ; que jamais d'épée ne fut tirée pour répandre le sang, mais que la paix étant proclamée partout, tous les peuples vécussent et progressassent selon les mêmes principes de liberté, d'égalité, de justice et de droit. Ce serait le règne de la prospérité, de la concorde, de l'harmonie universelle ; ce serait le règne de la liberté dans toute son extension et dans toute sa splendeur, ce serait l'idéal et le développement des vertus civiques les plus hautes, les plus nobles, les plus pures ; l'attachement constant et inaltérable à tout ce qui est honnête et vrai, agréable et utile, louable et sincère, à tout ce qui est digne de survivre à la tombe, à tout ce qui est souverainement beau et bon.

Arrière la monarchie luxueuse, inique, despotique, doucereuse en apparence, mais cruelle quant au fond, vengeresse, sanguinaire, et vive la patrie indivisible, libre et indépendante, forte d'elle-même, unie, puissante par ses propres ressources, par son génie, par son travail, son progrès, son commerce, son industrie, ses richesses variées, abondantes et naturelles du sol ! Pour nous régénérer et nous retremper, pour affermir et développer nos institutions libérales, pour croître et grandir, comme peuple libre, dans l'estime et l'affection des autres nations, nous avons besoin, plus que jamais, d'ordre et de stabilité, de concorde et de paix. Nous savons que la France intelligente et éclairée souscrira à ce programme ; nous savons que les hommes politiques vraiment dévoués et désintéressés, intègres, sages, larges et libéraux, désirent la paix et non la guerre.

Mais si, par quelque cruelle fatalité, les relations devaient s'interrompre de nouveau ; si la guerre devait éclater entre la France et l'Allemagne, si des circonstances impérieuses le commandaient et si les nécessités nous l'imposaient comme un devoir et une loi, alors nous osons l'affirmer hautement, la France entière se lèverait comme un seul homme, et se vengerait, car, ce jour, elle vaincrait.

FIN

## EN VENTE CHEZ LES MÊMES ÉDITEURS

Publications nouvelles de MM. DE GONCOURT, MALLE-
FILLE, DOBIA D'ISTRIA, CLARETIE, A. RANC, NEFFTZER,
A. PEYRAT, CHAMPFLEURY, DARGAND, D'ALTON SHÉE,
ANDRÉ LÉO, YSIARTE, ASSOLANT, PONSON DU TER-
RAIL, etc., etc., etc.

**Collection des Grands Historiens contem-
porains étrangers.** 110 volumes in-8, à 5 fr.
le volume.

**Collection des Grandes Épopées natio-
nales.** 17 vol. gr. in-18, à 3 fr. 50 le volume.

**Traduction des principales Œuvres de la
Littérature étrangère contemporaine,**
en philosophie, politique, belles-lettres, religion,
etc., etc.

Paris. — Imp. Émile Voitelain et C<sup>e</sup>, 61, rue J.-J.-Rousseau.

www.ingramcontent.com/pod-product-compliance
Ingram Content Group UK Ltd.
Pitfield, Milton Keynes, MK11 3LW, UK
UKHW021155140726
13695UKWH00005B/2149

9 782014 452105